LE CHAT

LE CHIEN

LE CANARD

LA SOURIS

L'ECUREUIL

LA VACHE

LE COCHON

L'ÂNE

LE MOUTON

LA CHOUETTE

LE CHEVAL

LE RENARD

LE CERF

LE COQ

LE LEZARD

LA GRENOUILLE

LA CIGOGNE

LA MARMOTTE

L'ELEPHANT

LE HERISSON

LE HIBOU

LE POISSON

LE RHINOCEROS

LE PERROQUET

LE ZEBRE

LE LEMURIEN

LE LAPIN

LE PAPILLON

LA BALEINE

L'AIGLE

L'OURS

L'AUTRUCHE

LE SINGE

LA MOUCHE

ETOILE DE MER

LE TIGRE

LE PHOQUE

LE LYNX

LA PIE

LE PINGOUIN

LA GIRAGE

LA LOUTRE

LE LION

L'ABEILLE

LE PHACOCHERE

LE SURICATE

LE RATON LAVEUR

LE PANDA ROUX

LE LOUP

LE PORC-EPIC

Printed in Poland
by Amazon Fulfillment
Poland Sp. z o.o., Wrocław